PARLARE IN PUBBLICO E AFFASCINARE IL PUBBLICO

Semplici passi per conquistare qualsiasi pubblico

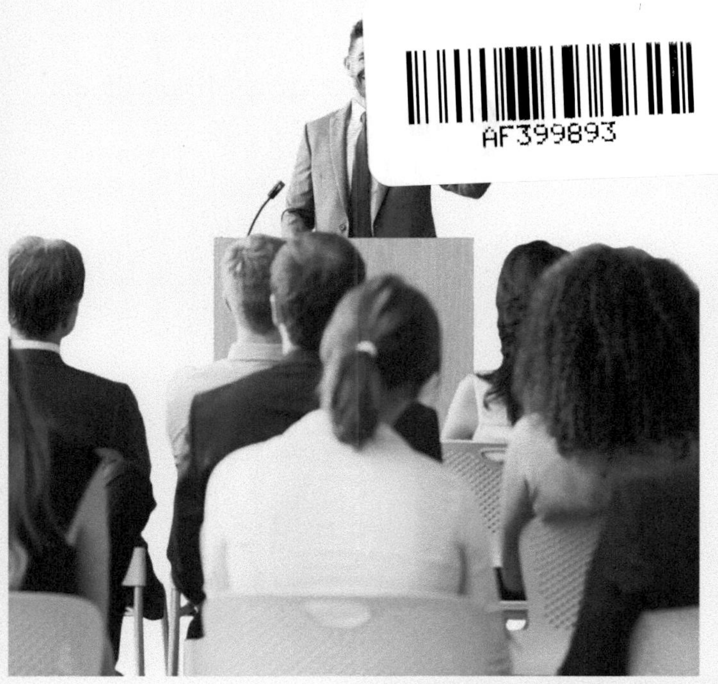

50MINUTES.com

PARLARE IN PUBBLICO E AFFASCINARE IL PUBBLICO

Semplici passi per conquistare qualsiasi pubblico

scritto da Nicolas Martin
tradotto par Sara Rossi

PARLARE IN PUBBLICO E AFFASCINARE IL PUBBLICO

- **Problemi:** come gestire l'apprensione e superare lo stress per esprimersi con successo in pubblico?

- **Perché è importante?** È impossibile evitare di parlare in pubblico nel mondo professionale. Qualunque sia la forma dell'intervento, gestire lo stress per sviluppare e rafforzare le proprie capacità di public speaking in ogni circostanza non può che essere un vantaggio.

- **Contesto professionale:** ricerca di lavoro (colloqui, interviste di gruppo), presentazioni interne (di un progetto, di un reparto, di obiettivi, di risultati, di verbali di riunioni), interventi professionali (conferenze, seminari, corsi di formazione, fiere, presentazioni all'università/scuola).

- **FAQ?**

  - Perché abbiamo paura di parlare in pubblico?

  - Quali esercizi pratici aiutano a superare lo stress?

  - Come prepararsi a un intervento?

  - Quali sono gli errori da non commettere?

  - Cosa succede se perdo di vista la mia presentazione?

  - Come si fa a mantenere la calma di fronte a una domanda a trabocchetto?

- Dobbiamo avere paura dei silenzi?

- Una presentazione *in PowerPoint* è ancora necessaria?

Ogni presentazione a un pubblico più o meno ampio è diversa, perché il pubblico stesso non è mai lo stesso. Anche l'argomento varia e, a meno che non siate esperti in materia, può essere fonte di ansia. Ma ci sono anche altri fattori esterni come il tempo di preparazione, il luogo della presentazione e gli eventi personali che possono influenzare il miglior oratore.

Ma allora siamo condannati a vivere sempre questo esercizio come qualcosa di faticoso? Perché se neanche il miglior oratore riesce a padroneggiare tutti i parametri che rendono un discorso pubblico di successo cosa succede a noi, persone comuni? Siamo ridotti a una perenne apprensione nel parlare? O peggio, una volta superata questa apprensione del discorso, siamo inevitabilmente bloccati in questo circolo vizioso da cui non possiamo uscire, perché è impossibile prendere il controllo totale della situazione?

Questo è un ragionamento triste! Perché, anche se è impossibile controllare tutto per risparmiarsi questo stress, è comunque facile ridurlo in modo sostanziale grazie a metodi ed esercizi accessibili a tutti, purché si sia disposti ad accompagnare questo cambiamento in tutte le sue dimensioni.

Poiché si tratta di un processo che dura tutta la vita, a causa della sua natura soggettiva ed evolutiva, è necessario desacralizzare questo esercizio scoprendo e appropriandosi personalmente di intuizioni, metodi e consigli che vi faranno capire che parlare in pubblico non è una condanna a morte. È solo questione di tempo prima di sentirsi eccitati al pensiero del prossimo intervento in pubblico.

> *"Fin da bambina sono stata molte volte sotto i riflettori: prima circondata da decine di altre persone in occasione di serate di ballo, poi sono entrata presto a far parte di una band e mi sono seduta dietro a un microfono in vari concerti. Lo stress, sebbene presente, mi ha trasportata e non sembra avermi paralizzata.*
>
> *Nonostante l'esposizione relativamente frequente al pubblico, l'esercizio di parlare davanti a un gruppo si è sempre rivelato difficile e pericoloso. Nodo allo stomaco nei momenti decisivi che precedono il discorso (durato a volte ore), e molto rapidamente, appena pronunciate le prime frasi, rossore sulle guance, che si diffonde presto al resto del viso e impossibile da nascondere per la forte sensazione di calore che lo accompagna. Oltre a farmi sentire perfettamente ridicola, disturbano la mia concentrazione e rendono l'esercizio insormontabile. Non essendo una persona fondamentalmente timida, non riesco a capire cosa possa mettermi in questo stato.*
>
> *È stato finalmente nella musica che ho trovato la mia risposta: ciò che mi spaventa è, infatti, l'improvvisazione. Così come non sono riuscita*

a inventare un testo durante una jam musicale, ho molti problemi a rispondere a una domanda imprevista durante una presentazione e, in generale, a uscire dal quadro che mi sono prefissata, avventurandomi su pendii scivolosi.

Lo stress legato alla difficoltà di improvvisare immediatamente di fronte a una reazione imprevista è ancora un ostacolo che vivo nella mia vita professionale. Come addetta alla diffusione di una compagnia artistica, il mio compito principale è quello di chiamare i programmatori – che vengono contattati decine di volte al giorno – per convincerli a programmare alcuni dei miei spettacoli. Essere in grado di presentare perfettamente uno spettacolo (cosa che a volte non ho visto) e di rispondere a tutti i possibili ostacoli e obiezioni non è ancora diventato un aspetto del mio lavoro che padroneggio pienamente.

Tuttavia, poiché il parlare è stato parte integrante dei miei studi e ora fa parte anche della mia vita professionale, ho imparato ad aggirare questi ostacoli, se non a risolverli".

Testimonianza di Anne Rouchouse (responsabile della comunicazione nel settore culturale)

LE BASI DEL PARLARE CON SICUREZZA

Non servono cifre precise per capire quante persone soffrono di questa fobia. La paura di parlare in pubblico, o "glossofobia" – dal greco [*glossa*] "lingua" e [*phobos*] "paura" – è una delle paure più comuni. In effetti, almeno tre persone su quattro si sentono ansiose di parlare davanti a un gruppo. In altre parole, la maggior parte delle persone in piedi di fronte a voi durante una delle vostre presentazioni sarebbe altrettanto stressata al vostro posto. Sebbene questo possa essere inizialmente rassicurante, purtroppo non è sufficiente a superare "l'insormontabile".

Superare la paura di parlare in pubblico e tenere una presentazione dinamica e magistrale è un processo lungo. Raramente potrete riposare sugli allori, perché ogni presentazione è diversa dall'altra. Tuttavia, svilupperete un metodo e dei trucchi che potrete adattare alle vostre presentazioni e circostanze.

GLI INIZI, PER PORRE TUTTE LE DOMANDE

Primo passo: brainstorming

Il brainstorming è una tecnica spesso utilizzata nel mondo professionale perché presenta innegabili vantaggi. Quando ci si prepara per un intervento in pubblico in cui si è protagonisti, questa tecnica può essere utile per elencare tutto ciò che personalmente non piace e tutto ciò che cattura l'attenzione durante una presentazione.

Questa riflessione deve precedere qualsiasi iniziativa di presentazione; avviene ancor prima di fissare gli obiettivi di una presentazione da fare, perché una volta che ci si è immersi in un argomento specifico, si rischia di perdere la distanza che ci ha permesso prima di pensare alla struttura ideale per un discorso convincente, qualunque sia l'argomento. Il punto non è concentrarsi su una presentazione particolare, ma trovare una metodologia per tutti i discorsi futuri. Gli obiettivi del brainstorming sono:

- da un lato, che vi distacchiate da un quadro troppo rigido e permettiate alla vostra riflessione di spostarsi su elementi che a prima vista sembrano meno rilevanti;

- dall'altro, che fin dalle prime fasi del processo di preparazione siate sereni e iniziate bene per combattere il prima possibile e gradualmente lo stress e l'apprensione.

 ## Esercizio pratico

Attingete dalle vostre esperienze! Chiedetevi cosa non vi è piaciuto delle presentazioni a cui avete partecipato e cosa vi avrebbe reso un ascoltatore migliore. Conoscendo questi esempi e controesempi concreti, potrete comprendere meglio i trucchi del mestiere che aiutano a catturare l'attenzione del pubblico.

Sulla base delle vostre osservazioni, dovreste avere un'idea un po' più chiara di come potrebbe essere la vostra futura presentazione. E poiché una presentazione di successo consiste in una combinazione armoniosa di forma e contenuto, potete applicare questa tecnica anche al contenuto. Sta poi a voi valutarne l'utilità in base a ciò che già conoscete sull'argomento e a ciò di cui avete bisogno.

Per coloro che hanno una natura molto ansiosa, prendetevi il tempo di fare questo brainstorming anche per lo sfondo. Abbiate una visione d'insieme della vostra conoscenza dell'argomento in questione all'inizio: sono necessarie ulteriori ricerche per padroneggiare l'argomento? Questo vi permetterà di continuare a lottare contro lo stress, mirando direttamente alle sue potenziali fonti. In effetti, quando si parla, gran parte dello stress deriva dal fatto che a volte si ha una scarsa padronanza di alcuni elementi e si teme che questo venga scoperto il giorno stesso. Vi consigliamo quindi di fare un ampio respiro per guadagnare in serenità!

Secondo passo: definire un quadro di riferimento

Prima di iniziare l'immersione nel cuore della preparazione del vostro discorso, è necessario porsi alcune domande preliminari (non si tratta di un elenco esaustivo).

- **È** importante sapere se il pubblico è omogeneo o eterogeneo, esperto o inesperto, e determinare le sue aspettative.

- **Qual è l'obiettivo generale del mio intervento?** Informare? Educare? Convincere? Persuadere? Intrattenere?

- **Quali sono i sotto-obiettivi?** È possibile formularne fino a tre. Seguono l'obiettivo generale, ma sono più specifici, spesso quantif cabili. Ad esempio, la maggior parte delle persone (3/4 dei partecipanti) dovrebbe lasciare la riunione sapendo come utilizzare la nuova interfaccia intranet.

- **Quali mezzi ho a disposizione per raggiungere questi obiettivi?** Possono essere materiali o immateriali: la vostra competenza, la vostra capacità di spiegare o rispondere a una domanda, ecc.

- **Quali sono le mie risorse per questo intervento?** Non esitate a nascondervi e a mettere in evidenza le vostre qualità.

 **PICCOLO PLUS**

Troppe persone tendono a denigrare se stesse e a vivere il parlare come un'inevitabilità, soprattutto se viene loro imposto. Riflettere sulle proprie qualità permetterebbe loro di contrastare questa sistematica denigrazione e di porsi nella dinamica opposta, quella dell'"auto-apologia" e della piena consapevolezza delle proprie capacità.

PREPARAZIONE, PER CONTROLLARE L'INTERO INTERVENTO

La preparazione deve essere al centro delle vostre preoccupazioni. I personal trainer e gli esperti in materia vi diranno che più di tre quarti del vostro successo risiede nella capacità di prepararvi bene. Come per le domande preliminari, si tratta di lavorare sia sul contenuto che sulla forma.

Lo sfondo

Avete già avuto modo di pensare al contenuto del vostro discorso attraverso un brainstorming preliminare. Ora semplificate il vostro lavoro tenendo conto di tre elementi chiave:

- La ricerca di informazioni che ancora vi sfuggono;

- l'organizzazione delle idee attraverso lo sviluppo di un piano chiaro per trasmettere un messaggio preciso, incisivo e professionale;

- la scrittura parziale o totale del discorso, che verrà utilizzato come "partitura" durante le prove.

 **SUGGERIMENTO PER LE PERSONE ANSIOSE**

Per prima cosa, scrivete l'intero discorso. Questo vi permetterà di dare un'impronta personale alle idee che volete sviluppare, in modo che possiate appropriarvi del problema, continuando a combattere lo stress.

Se il giorno della presentazione vi affidate a una pre-sentazione *in PowerPoint*, cogliete l'occasione per iniziare. Ma fate attenzione a non saltare nessun passaggio! È meglio iniziare completando solo le diapositive. La formattazione arriverà in seguito. Lavorate quindi prima su sfondi bianchi.

La forma

Una volta entrati nel merito della presentazione, è il momento di pensare alla forma che darete alle vostre idee. Riprendete il piano che avevate preparato in precedenza, in modo da potervi destreggiare facilmente tra le diverse sezioni della presentazione.

In questa fase dovete prendere ciò che avete scritto durante la sessione di brainstorming e adattarlo a uno stile orale. Non fatevi illusioni: il vostro stile, per quanto buono possa essere per iscritto, sembrerà inevitabilmente più pesante e meno naturale quando viene pronunciato. Lavorate quindi particolarmente su questo aspetto per non rischiare di perdere l'attenzione del vostro pubblico.

 ## ADATTARE IL DISCORSO

Anche se l'uso del gergo tecnico può rassicurare, non fate l'errore di pensare che il vostro pubblico sia composto da esperti del settore. Assicuratevi di semplificare l'argomento che state trattando, anche se ciò significa semplificare alcune informazioni, se necessario.

Usate metafore appropriate al vostro pubblico, quando possibile. Se state presentando un progetto più complesso o una modifica tecnica, non esitate a illustrare i vostri punti con confronti chiari che parlino a tutti.

Questo requisito linguistico richiede una mente aperta e tempo. A parte questo, la ricerca di informazioni e l'organizzazione delle idee occuperanno normalmente solo una piccola parte del vostro tempo.

Ancora una volta, lavorate con metodo:

- sezione dopo sezione, nell'ordine della vostra presentazione;

- i vostri materiali, come la presentazione *in PowerPoint*, se avete deciso di farne una.

 ## Schema su *PowerPoint*

Manipolando le idee che intendete sviluppare nel vostro discorso, potrete delinearne alcune nelle vostre diapositive (utilizzando, ad esempio, i modelli di formattazione offerti dal software). Questo aggiungerà valore alla vostra presentazione *PowerPoint*: effetto visivo ed efficienza garantiti!

Simulazione

Per visualizzare meglio il passaggio dallo stile scritto a quello orale, ecco un esempio di presentazione di raccomandazioni relative all'azione culturale della Francia nel mondo, per recuperare il suo dinamismo e la sua influenza culturale.

- **Discorso scritto:**

> Se la Francia vuole riacquistare un'influenza culturale paragonabile a quella del secolo scorso, la sua azione culturale esterna deve basarsi su una strategia in tre fasi, realizzate simultaneamente e non dissociate l'una dall'altra.
>
> È infatti necessario che la Francia riesca a stabilizzare la sua rete culturale dispiegata all'estero, ma presente anche all'interno, le riforme intraprese nei suoi confronti sia in termini qualitativi che quantitativi, così come è essenziale procedere a una valutazione dell'immagine dell'azione culturale all'estero per comprendere le diverse percezioni, senza dimenticare di risolvere i problemi che continuano ad affliggere la rete al suo interno.
>
> D'altra parte, la rete deve allo stesso tempo perseguire una politica di promozione dei settori d'azione chiave, dando loro priorità in determinate aree geografiche. Questi includono i settori del cinema, della musica e della letteratura, compresi i libri e gli scritti.
>
> Infine, per completare questa strategia su tre fronti, la Francia deve affermare la svolta della sua politica culturale, ovvero la dimensione interculturale e interdisciplinare della sua azione

> *all'estero. Che si tratti di festival in America Latina, dell'accoglienza di artisti e culture straniere sul territorio nazionale, della difesa di cause culturali come il patrimonio internazionale in Siria o in Mali, o della difesa di popoli minacciati come gli Uiguri. La Francia potrebbe posizionare la sua azione in una dinamica di cooperazione culturale bidirezionale e recuperare così una certa influenza globale.*

- I tre elementi essenziali sono visibilmente distinti nella scrittura dei tre paragrafi. Tuttavia, questi tre paragrafi dovranno essere resi più visibili in forma orale.

- **Discorso orale:**

> *"Nel contesto dell'azione culturale esterna della Francia è opportuno formulare tre raccomandazioni. Se il Paese vuole riacquistare una certa influenza globale a livello culturale, la diplomazia culturale francese deve prima stabilizzarsi (ha bisogno di stabilizzarsi), in termini di rete, natura e ritmo delle riforme, consapevolezza della propria immagine attuale e risoluzione dei problemi interni. Deve poi valorizzare (deve valorizzare) alcuni campi d'azione in particolare, come il cinema, la musica, i libri e gli scritti, e infine affermare (deve affermare) la sua politica culturale e interdisciplinare (ad esempio: festival in America Latina + accoglienza di artisti e culture straniere + difesa di cause culturali, cfr. Siria e Mali + difesa di popoli minacciati, cfr. popolo uiguro)".*

- Le parole utilizzate sono più generiche e la struttura della frase più semplice, mentre l'uso di ripetizioni, come "bisogno di", contribuisce a enfatizzare le tre parole chiave su cui si cerca di attirare l'attenzione del pubblico: "stabilizzazione", "potenziamento" e "affermazione". L'uso di queste tre parole chiave può essere accompagnato da gesti che attirano l'attenzione del pubblico sul diagramma *di PowerPoint*.

- **Modellazione in *PowerPoint*:**
  La diapositiva è ordinata, senza sovraccarico di testo. Le parole chiave sono mostrate in modo chiaro e in un diagramma che permette di capire la relazione tra le idee. Non è necessario includere gli esempi che sosterranno il vostro discorso e renderanno più chiare le parole chiave.

 **SUGGERIMENTO INFALLIBILE**

Per mantenere l'attenzione del pubblico durante la gestione della presentazione *di PowerPoint*, assicuratevi di non scrivere frasi intere e di non leggerle. Da qui la necessità di usare solo parole chiave, frasi e schemi di idee, in modo che il pubblico partecipi attivamente e si sforzi di capire i collegamenti tra ciò che dite e il vostro materiale.

Formazione o prove

Ora che tutti gli elementi sono al loro posto, potete iniziare a provare la presentazione con maggiore sicurezza e controllo. Si tratta di un periodo di messa a punto per eccellenza, volto ad allineare sostanza e forma.

La pratica richiede una certa dose di abnegazione, perché bisogna lasciare che le cose accadano in modo naturale e logico. Le idee che pensavate potessero fluire in un certo modo possono diventare più chiare se le presentate in modo diverso. Anche l'uso dei materiali può essere un problema. Il vostro *PowerPoint* migliora la comprensione del vostro discorso? Rende le cose più complicate di quanto non siano in realtà?

Questo momento, che è certamente vicino al discorso vero e proprio, merita tutta la vostra attenzione, perché potete essere certi che dovrete ancora aggiustare molte parti della presentazione. Dedicate a questo aspetto lo stesso tempo che dedichereste al lavoro sulla forma, per il semplice motivo che si tratta della sua continuità, ed esercitatevi di fronte a diversi tipi di pubblico per essere preparati a tutte le evenienze! Esercitatevi dunque:

- da soli, per adattare il vostro discorso e le vostre diapositive e offrire al vostro pubblico un discorso coerente, preciso e professionale;

- davanti a una o due persone che conoscete, per testare il vostro linguaggio del corpo, il vostro magnetismo e la chiarezza delle vostre parole;

- davanti a una o due persone dello stesso tipo di quelle che costituiranno il vostro pubblico quel giorno, per gli aspetti più tecnici e per prepararvi, tra l'altro, a domande a cui non avevate pensato.

Grazie a questi esercizi di gioco di ruolo, riceverete un feedback diretto dalle vostre "cavie". Ora sta a voi apportare le modifiche e mettere a punto alcuni dettagli! Inoltre, provando la vostra presentazione in modo diverso, ne padroneggerete il contenuto senza troppa fatica e avrete più tempo per ciò che temete di più: il confronto con gli occhi del vostro pubblico.

LA SUDDETTA PRESENTAZIONE, AL FINE DI GESTIRE AL MEGLIO IL SUO PROGRESSO

Il grande giorno si avvicina rapidamente. Avete avuto il tempo di esercitarvi e di padroneggiare l'argomento, la presentazione *in PowerPoint*, il discorso e il modo in cui pronunciarlo. Eppure si sente ancora lo stress di immaginarsi di fronte al resto della stanza. Non fatevi prendere dal panico e prendetevi del tempo per rilassarvi con qualche esercizio.

Prima della presentazione, esercizi di respirazione

Per ridurre lo stress prima di iniziare, potete fare alcuni semplici esercizi di respirazione che richiedono solo pochi minuti.

- **Respirazione quadrata o a quattro battiti:** contate fino a 4 mentre inspirate, trattenete il respiro per altri 4 secondi, quindi espirate contando fino a 4 e trattenete nuovamente il respiro per 4 secondi. Potete ripetere questo ciclo per circa dieci minuti per aiutare a regolare la respirazione e il battito cardiaco.

- **Respirazione in movimento:** concedetevi una breve passeggiata durante la quale vi concentrate sulla respirazione, inspirando dal naso ed espirando dalla bocca per tutta la sua durata. Potete camminare intorno all'isolato o intorno a un edificio, a seconda dell'ambiente circostante.

- **Il respiro liberatorio:** inspirate ed espirate profondamente gettando contemporaneamente le braccia a terra. Gettare le braccia a terra può essere liberatorio, come se ci si liberasse dello stress e dell'apprensione gettandole a terra. Sentitevi liberi di isolarvi per fare questo esercizio!

Durante la presentazione, i punti da tenere a mente

La presentazione inizia. Avete fatto alcuni esercizi per rallentare la frequenza cardiaca e ora è il momento di iniziare.

Se ne avete la possibilità, scambiate qualche parola con qualcuno che conoscete finché non dovete iniziare a parlare. Lo scopo è quello di distogliere l'attenzione dal discorso imminente, di pensare ad altro per non rovinare gli esercizi di rilassamento. Vista la preparazione che avete fatto in precedenza, non c'è motivo di stressarsi a pochi minuti dall'inizio!

Durante la presentazione, cercate il più possibile di:

- garantire la coerenza complessiva, poiché cambiamenti di qualsiasi tipo possono confondere il pubblico e distrarlo dal discorso;

- prendervi il tempo per respirare;

- controllare il ritmo del discorso;

- tenere a portata di mano una bottiglia d'acqua;

- non avere paura di qualche secondo di silenzio;

- non rimanere statici;

- rimanere ottimisti e positivi.

 ## DA EVITARE

Evitate di guardare lontano o di fissare il vuoto. Tutti hanno provato queste tecniche, che non fanno altro che concentrare l'attenzione del pubblico sulla vostra ansia. Cercate invece di interessarvi al vostro pubblico, ad esempio chiedendo in anticipo un elenco dei partecipanti o scoprendo i profili di alcune delle persone presenti durante il vostro discorso.

L'imprevisto, verso un possibile lungo lavoro su se stessi

Se già durante la fase di preparazione l'imprevisto era fonte di stress, in previsione di domande, reazioni o pericoli, lo stesso vale durante la presentazione. Alcune persone che hanno imparato a presentare non si sentiranno sopraffatte da una domanda o da un'osservazione inaspettata, mentre altre potrebbero perdere i nervi. Se rientrate in quest'ultima categoria, sappiate che imparare a gestire gli imprevisti è un processo a lungo termine e che non tutto cambierà in una sola presentazione. È proprio attraverso la pratica che sarete in grado di applicare determinate tecniche e quindi di gestire meglio questi imprevisti.

In generale, per iniziare a guardarsi dentro al fine di rispondere meglio all'imprevisto, è necessario imparare a:

- gestire le proprie emozioni e quindi conoscere bene se stessi;

- essere adattabili e flessibili;

- mettere le cose in prospettiva e rimanere ottimisti.

Sebbene la preparazione per parlare in pubblico sia di per sé positiva, può anche rendere meno aperti all'imprevisto e quindi meno naturali e aperti alla discussione. Per questo motivo, è meglio tenere a mente fin dall'inizio che non sarete in grado di controllare alcune cose e massimizzare questo risparmio di tempo lavorando maggiormente sulla gestione delle vostre reazioni nelle situazioni inaspettate. Acquisterete fiducia e serenità.

> Proseguimento e conclusione della testimonianza di Anne Rouchouse (responsabile della comunicazione nel settore culturale)
>
> *"Ora mi preparo il più possibile in anticipo per un potenziale discorso futuro, in modo da avere il tempo di esplorare e immergermi nel mio*

argomento al di là di quello che effettivamente tratterò. Assimilare informazioni strettamente o lontanamente correlate al mio argomento mi dà legittimità e serenità quando arriva il momento.

Preparo uno schema dettagliato dell'intervista così come me la immagino, poi scrivo tutto quello che intendo dire, e poi lo imparo quasi a memoria. Naturalmente, il primo schema viene rielaborato più volte durante la formazione orale. È la versione rielaborata quella che imparerò fino a conoscerla a memoria.

Essendo una persona che memorizza particolarmente bene le informazioni attraverso la lettura, lavorare sulla mia trama per adattarla al parlato, rileggerla e correggerla per iscritto mi aiuta molto ad apprenderla. Quindi mi ci vogliono relativamente poche ripetizioni per imparare a conoscerla.

Mi cronometro, anche se non c'è un limite di tempo. Trovo rassicurante avere il controllo del fattore tempo, anche se quando parliamo tendiamo a esprimerci a velocità diverse.

La sera prima di parlare, mi esercito appena prima di andare a letto, perché sento che "dormirci su" è efficace!

Mi do il tempo di provare la mia presentazione poco prima della scadenza. Se tutto va bene, mi sento sicura e la maggior parte dello stress viene scaricato. In caso contrario, mi rendo conto delle parti che mi sembrano ancora difficili, in modo da poterle affrontare meglio al momento della presentazione.

Durante la presentazione, tengo con me gli appunti nella loro interezza (non solo uno schema). Anche se la maggior parte delle volte non ne ho bisogno, il solo fatto di sapere che posso ritrovare qualsiasi idea nella mia presentazione mi fa sentire meglio.

Infine, cerco sempre il sostegno degli occhi nella sala e scruto regolarmente la stanza per incoraggiare l'attenzione del pubblico".

I 10 CONSIGLI PIÙ IMPORTANTI

1. Ponetevi le domande giuste prima di iniziare a preparare il discorso. A che tipo di pubblico vi rivolgerete? Qual è l'obiettivo del vostro discorso? Queste domande vi guideranno efficacemente nella preparazione e vi faranno risparmiare tempo nelle vostre future sessioni di allenamento.

2. Eseguite esercizi di respirazione. Dal momento in cui vi preparate al momento in cui iniziate, prendetevi il tempo per respirare bene con semplici esercizi. Alcune pratiche teatrali sono molto utili per controllare la frequenza cardiaca e liberare le "vibrazioni negative".

3. All'inizio dell'intervento è necessario prestare particolare attenzione. Un buon inizio vi darà più fiducia per il resto del discorso. Preparate un'introduzione o un gancio originale. Un aneddoto umoristico è spesso un buon modo per rompere il ghiaccio.

4. Evitate, per quanto possibile, di scrivere l'intero discorso e, soprattutto, non leggete i vostri appunti mentre parlate. Pensate in modo spontaneo e naturale!

5. Esercitatevi il più possibile. Più tempo si dedica alle prove, meglio si padroneggia il discorso e più ci si sente a proprio agio quando arriva il momento. La pratica può ridurre notevolmente lo stress.

6. Non concentratevi sull'immagine che potreste trasmettere. Concentratevi invece sulla coerenza tra il

vostro linguaggio corporeo e quello verbale. Soprattutto, non lasciate che il vostro atteggiamento contraddica ciò che dite.

7. Ascoltate il vostro pubblico e siate flessibili. Non potete prevedere il loro coinvolgimento, ma potete correggervi, purché siate ben preparati e a vostro agio con l'argomento.

8. Non lasciate che gli elementi esterni vi disturbino. Anche in questo caso, ci saranno sempre delle incognite che non si possono controllare. Tuttavia, è possibile controllare le proprie reazioni e continuare a sorridere e a mantenere alta l'energia nonostante gli imprevisti. Mantenete la coerenza.

9. Mantenete una postura corretta stando in piedi. Può non sembrare importante, ma gli studi hanno dimostrato che stare in piedi non solo riduce l'ansia e lo stress, ma dà anche più sicurezza ed energia, per non parlare della respirazione, particolarmente importante se si parla per più di 30 minuti.

10. Non fate affidamento sui vostri materiali, perché sono solo strumenti. Se vi affidate a una presentazione *in PowerPoint, non* sovraccaricate le diapositive, ma semplificatele. L'obiettivo è solo quello di aiutare il pubblico a seguire il flusso della presentazione e a conservare le informazioni in poche parole chiave. Dovete rimanere al centro della presentazione.

"Parlare in pubblico è qualcosa su cui bisogna lavorare". Ecco alcuni consigli basati sull'osservazione e sulla pratica del public speaking di Georges Peillon (consulente, formatore e assistente in comunicazione di crisi).

"Il 90% del successo sta nella preparazione dell'intervento. Non ci sono dubbi: se siete stati chiamati, è perché siete la persona migliore per parlare dell'argomento in questione... Questo significa che dovete mettere tutte le possibilità a vostro favore.

Alcune persone sono molto diseguali quando si tratta di parlare, alcune si relazionano direttamente con il pubblico, mentre altre hanno bisogno di un riscaldamento, cioè di una prova. Parlare in pubblico è un po' come sedersi su una sedia: per essere stabili bisogna avere quattro gambe.

- **L'argomento.** Siete voi la persona più adatta a parlare di questo argomento? Se la risposta è no, allora dovreste rinunciare piuttosto che imbarcarvi in un'impresa che comporta dei rischi, non ultimo quello dell'immagine che darete agli altri. Se invece siete voi gli esperti in materia, non potete sottrarvi a questa richiesta. Dovete quindi ricordarvi di prevedere un tempo sufficiente per la preparazione.

- **Il pubblico.** Quanti saranno i presenti? Saranno iniziati alla materia o sarà necessario cercare di divulgarla? Le risposte a queste domande sono essenziali se volete tenere il vostro pubblico con il fiato sospeso!

- **Il contesto.** In quali condizioni parlerete? Quali saranno le condizioni tecniche? Chi *parlerà prima e dopo di voi? Sarete registrati? A che ora parlerete?*

- ***Relatore.*** *In quale stato d'animo vi trovate? Siete nervosi, stressati? In caso affermativo, verrà percepito. Pensate a immagini tranquillizzanti che vi aiutino a controllare la situazione e a ridurre la paura del palcoscenico. Fate degli esercizi di respirazione.*

Infine, un aneddoto. In un seminario per 150 direttori della comunicazione, un relatore avrebbe dovuto spiegare cosa fosse l'intelligence economica. Era uno dei migliori specialisti del settore, eppure il suo discorso si rivelò un disastro per due motivi. In primo luogo, era impossibile per lui superare la paura del palcoscenico che lo paralizzava: si limitava a balbettare e a confondersi. In secondo luogo, nel suo desiderio di fornire molte informazioni, è annegato nel materiale proiettato sullo schermo. Fino a tarda notte, infatti, aveva modificato la sua presentazione aggiungendo e poi togliendo informazioni. Dopo il suo discorso, nessuno ha capito meglio il concetto di intelligenza economica...

In conclusione, dovete tenere un discorso semplice (non semplicistico), perché ciò che conta è quello che direte. Nient'altro".

FAQ

PERCHÉ ABBIAMO PAURA DI PARLARE IN PUBBLICO?

La glossofobia, o paura di parlare in pubblico, è causata principalmente dalla paura del giudizio e dello sguardo degli altri. Può anche essere causata da altri fattori, come:

- paura di fallire;

- paura di dire qualcosa;

- paura di rendersi ridicoli;

- paura di vivere un momento di solitudine.

Spesso, si tratta di una combinazione di diverse di queste paure.

In questo tipo di esercizio, lavorate sull'identificazione delle vostre paure personali ponendovi le domande giuste: "Perché ho così tanta paura di parlare in pubblico?" o "Cosa rischio parlando di fronte agli altri?" in modo da poter iniziare a lavorare su voi stessi. Una volta identificate queste fonti, sarà più facile affrontarle.

QUALI ESERCIZI PRATICI AIUTANO A SUPERARE LO STRESS?

Esercizi di respirazione

Si possono utilizzare semplici esercizi di respirazione che permettono di concentrarsi sulla frequenza cardiaca e di calmarla. La respirazione quadrata o a quattro passi e la respirazione in movimento, come visto sopra, sono facili e veloci da eseguire. Altri esercizi di rilassamento rapido vi aiuteranno ad alleviare lo stress:

- **spazzamento,** che consiste nel posizionare i polpastrelli di entrambe le mani al centro della fronte, all'attaccatura dei capelli, e poi farli scorrere ai lati fino a farli emergere dal viso. Questo movimento, ripetuto tre volte sulla stessa zona, può essere eseguito anche su altre parti del viso (radice del naso, palpebre, guance, bocca, mento, collo);

- **la sauna veloce,** strofinando vigorosamente le mani fino a farle diventare calde, appoggiando i palmi sulle palpebre chiuse e respirando con calma finché i palmi non si raffreddano;

- **automassaggi,** sia sulle tempie che sul plesso o sulle guance.

Inoltre, la respirazione addominale, con pochi gesti, permette di calmarsi notevolmente e di ritrovare un ritmo cardiaco normale e la serenità del corpo. Procedete come segue:

- fase 1: rilassate i muscoli, appoggiate una mano sullo stomaco e chiudete gli occhi;

- fase 2: inspirate profondamente dal naso, gonfiando la pancia e massaggiando l'ombelico;

- fase 3: espirate molto lentamente attraverso la bocca continuando a massaggiare l'ombelico;

- fase 4: ripetete l'eserciz o più volte, concentrandovi sull'inspirazione e l'espirazione attraverso la pancia e massaggiando per rilassare la zona addominale.

Esercizi pratici ereditati dal teatro

Ci sono anche molti esercizi basati su pratiche teatrali che permettono di recitare il discorso e renderlo meno drammatico. Anche se più difficili da eseguire da soli, alcuni esercizi possono essere eseguiti individualmente:

- parlate il più rapidamente possibile. L'obiettivo è quello di sviluppare l'immaginazione e la fluidità verbale sotto stress. Per esempio, potreste fare questo esercizio con una parte leggermente più difficile della vostra presentazione e cercare di presentare o spiegare i punti il più velocemente possibile. Questa tecnica vi aiuterà a trovare modi più rapidi e semplici per spiegare le cose e quindi a gestire meglio la giornata;

- considerate ogni persona del pubblico anziché il gruppo. Se è lo sguardo degli altri quello che temete di più, questo esercizio vi aiuterà gradualmente a superarlo. Se non riuscite a fare questo esercizio con un numero sufficiente di persone, potete provarlo di nascosto: camminate per strada e guardate davvero le persone che incontrate, oppure fermatevi in un vicolo cieco, come se steste aspettando qualcuno, e prestate attenzione al modo in cui le altre persone vi guarderanno. Si può, ad esempio, indossare un capo colorato per attirare l'attenzione e avere così un vero e proprio confronto con lo sguardo degli altri;

- immaginate realisticamente ciò che volete che accada nella vostra presentazione. Perché questo funzioni, la proiezione/visualizzazione deve essere realistica e basata su elementi concreti. Potete quindi immaginare la fine della vostra presentazione e le osservazioni fatte da alcuni membri del pubblico durante la discussione. In questo esercizio è fondamentale prestare attenzione a come ci si sente e a ciò che si sperimenta.

Poiché ognuno di noi è diverso, è consigliabile cercare, testare e approvare diversi esercizi che abbiano un effetto reale sulla gestione dello stress. Potete anche partecipare a workshop o a corsi di improvvisazione teatrale, che vi aiuteranno a lavorare non solo sulla vostra comunicazione verbale, ma anche su quella non verbale e a sviluppare una certa capacità di prendere le distanze dall'immagine che proiettate, per determinare quali esercizi avranno un effetto reale sul vostro stress e sulla vostra apprensione. Fateli vostri!

COME PREPARARSI A UN INTERVENTO?

Una buona preparazione richiede tempo e tenacia. Dovete essere preparati al fatto che ripeterete il vostro discorso più volte, modificherete elementi, in breve, cambierete la vostra presentazione fino a quando non l'avrete completamente integrata.

In generale, è necessario che pensiate a:

- porvi le domande giuste fin dall'inizio;

- cercare le informazioni che potrebbero mancare;

- preparare un piano chiaro per trasmettere un messaggio preciso, incisivo e professionale;

- lavorare sulla forma ripetendo più volte;

- un gancio che catturi l'attenzione del pubblico fin dall'inizio.

QUALI SONO GLI ERRORI DA NON COMMETTERE?

Ci sono molte insidie da evitare. Tra gli errori che non dovete commettere:

- trascurare il vostro pubblico;

- trascurare la vostra preparazione;

- svolgere un ruolo importante;

- essere troppo seri e distanti;

- leggere la vostra presentazione *in PowerPoint*;

- leggere o recitare appunti;

- utilizzare il disordine linguistico ("uh", "così", ecc.);

- rimanere congelati.

Fate tutto il possibile per attirare e mantenere l'attenzione del vostro pubblico!

COSA SUCCEDE SE PERDO DI VISTA LA MIA PRESENTAZIONE?

Non è raro perdere il filo di ciò che si stava dicendo a causa dell'iperconcentrazione o dopo un'interruzione. Niente panico! Se vi succede, prendete i vostri appunti e dategli una rapida occhiata. I trucchi visivi sviluppati in precedenza vi aiuteranno a riprendervi e a continuare la presentazione in tutta tranquillità. Pensate, ad esempio, all'organizzazione delle vostre liste di controllo:

- da un lato il vostro discorso scritto;

- dall'altro, il piano del vostro intervento, schematico e visivo.

COME SI FA A MANTENERE LA CALMA DI FRONTE A UNA DOMANDA A TRABOCCHETTO?

Gestire le reazioni e mantenere la compostezza sono abilità automatiche che dovrete adottare rapidamente: si acquisiscono con le esperienze di conversazione. Oltre a migliorare la qualità delle vostre presentazioni al lavoro, questo vi aiuterà nella vita di tutti i giorni.

Tenete presente che il pubblico non è lì per ingannarvi o farvi sentire a disagio. Tutti sanno quanto possa essere difficile questo tipo di esercizio e se vi viene posta una domanda a cui non avete pensato, non abbiate fretta. Prendetevi il tempo per pensare e rispondere a vostro piacimento, perché alla fine siete VOI a comandare, quindi approfittatene!

Infine, anche se avete preparato il contenuto della vostra presentazione, potreste non essere esperti dell'argomento. Pertanto, osate ammettere la vostra conoscenza approssimativa dell'argomento rispondendo, ad esempio, "al momento non sono in grado di rispondervi" o "non voglio dire sciocchezze". Inoltre, chi pensa di sapere tutto su un argomento sembra molto pretenzioso. Quindi, se la situazione si presta, non esitate a prendere i dati di contatto della persona e a ricontattarla dopo aver fatto ulteriori ricerche.

DOBBIAMO AVERE PAURA DEI SILENZI?

I silenzi possono essere molto destabilizzanti per alcune persone. Parlare velocemente e riempire ogni secondo, per compensare lo stress e portare a termine una presentazione il più velocemente possibile, farà sicuramente perdere interesse al pubblico all'istante. Scegliete quindi un comportamento che appaia calmo, naturale e profondo.

I silenzi sono utili per due motivi correlati:

- respirazione;

- ritmo di parola più moderato.

Fate attenzione a non cadere nel caso opposto e a parlare troppo lentamente o ad abusare dei silenzi. Come per ogni cosa, bisogna trovare il giusto equilibrio! La pratica vi aiuterà molto in questo compito.

UNA PRESENTAZIONE *IN POWERPOINT* È ANCORA NECESSARIA?

A prima vista, tutto fa pensare che la necessità di un aiuto visivo dipenda dall'argomento che si intende trattare e dal contesto in cui si tiene il discorso. Tuttavia, è diventato abbastanza raro che un discorso venga tenuto senza un supporto visivo (come *PowerPoint*). Questo strumento è diventato sempre più popolare ed è ormai indispensabile per qualsiasi presentazione. È raccomandato nel contesto di:

- una presentazione che dura più di 20 minuti;

- una presentazione complessa o con molte cifre.

Scegliendo di presentare un supporto visivo con informazioni strutturate e riutilizzabili, faciliterete la comprensione da parte delle persone a cui vi rivolgete. Inoltre, vi aiuterà a trattenere molti dati, poiché un discorso di oltre 20 minuti implica un contenuto piuttosto denso.

Per alcune presentazioni, soprattutto per le riunioni interne, può essere interessante e istruttivo procedere di tanto in tanto senza il supporto di *PowerPoint* e affidarsi alle proprie capacità oratorie, che migliorano notevolmente con la pratica. Sfidate voi stessi: è così che finirete per divertirvi a parlare.

STA A VOI DECIDERE!

Riuscire a parlare in pubblico, a convincere e a trasmettere un messaggio è alla portata di tutti, perché è possibile evitare ogni potenziale fonte di stress, aggirandola o combattendola attraverso l'attuazione di una serie di trucchi personali! Per questo motivo, è necessario che iniziate a:

- individuare le cause dello stress;

- scoprire le paure ad esso associate;

- Pensare a piani d'azione per migliorare la situazione e superare ciò che vi blocca.

Poiché si tratta di preparazione e di lavoro, considerate ciò che vi rallenta o vi crea problemi e dedicategli più tempo. Solo voi potete decidere come uscire dalla routine, quindi adesso sta a voi!

PER ANDARE OLTRE

FONTI BIBLIOGRAFICHE

Franc Desages (Caroline), "Comment gérer la peur de parler en public?", in *L'Express.fr*, 19 maggio 2014.
http://www.lexpress.fr/styles/psycho/glossophobie-comment-gerer-la-peur-de-parler-en-public_1537311.html

Gannac (Anne-Laure), "Parler face au public", in *Psychologies.com*, 2002.
http://www.psychologies.com/Moi/Moi-et-les-autres/Timidite/Articles-et-Dossiers/Oser-se-parler/Parler-face-au-public

Grange (Philippe), *Prise de parole en public à l'usage des managers et des communicants*, Paris, Faits & Chiffres, 2013.

Holmes (Lindsay), "I benefici di una buona postura su stress, produttività...: 6 motivi per stare in piedi", in *The Huffington Post*, 8 ottobre 2014.
http://www.huffingtonpost.fr/2014/10/08/bienfaits-posture-stress-productivite-tenir-droit_n_5943986.html

Rouden (Elsa), "6 esercizi di rilassamento contro lo stress", in *Femina.fr*, 9 agosto 2011.
http://www.femina.fr/Sante-Forme/Bien-etre/6-exercices-de-relaxation-contre-le-stress

Semeunacte (Mohamed), "7 tecniche per parlare in pubblico in modo efficace (e interessante... tanto per cambiare)", in *Semeunacte.com*, 15 gennaio 2014.
http://semeunacte.com/orateur-efficace

Sorzana (Catherine), *La prise de parole en public*, Paris, Victoires Éditions, 2010.

Vogliamo sapere da voi!
Lasciate un commento sulla vostra biblioteca online
e condividete i vostri libri preferiti sui social media!

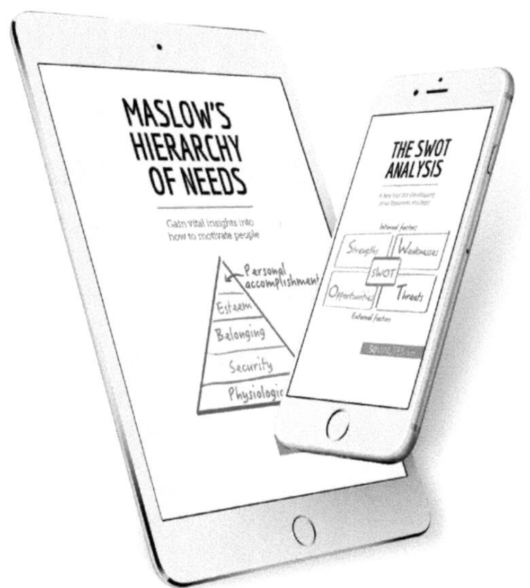
MASLOW'S HIERARCHY OF NEEDS
Gain vital insights into how to motivate people
Personal accomplishment
Esteem
Belonging
Security
Physiologic
THE SWOT ANALYSIS
A key tool for developing your business strategy
Internal factors
Strengths
Weaknesses
SWOT
Opportunities
Threats
External factors

Master ISBN: 9782808608442
ISBN cartaceo: 9782808609654
Deposito legale: D/2023/12603/150

Design digitale: Primento,
il partner digitale degli editori.